LOI

. Du 16 Septembre 1792 , l'an quatrième de la Liberté.

*Relative au Triage & à la conſervation des Statues , Vaſes
& autres Monumens des arts qui ſe trouvent dans les Maiſons
ci-devant royales , & autres édifices nationaux.*

L'ASSEMBLÉE NATIONALE conſidérant qu'en livrant à la
deſtruction les monumens propres à rappeler les ſouvenirs
du deſpotiſme , il importe de préſerver & de conſerver
honorablement les chef d'œuvres des arts , ſi dignes d'occuper
les loiſirs & d'emˈellir le territoire d'un peuple libre , décrète
qu'il y a urgence.

L'Aſſemblée Nationale , après avoir décrété l'urgence
décrète ce qui ſuit ;

ARTICLE PREMIER.

Il ſera procédé ſans délai par la commiſſion des monumens , au triage des ſtatues , vaſes & autres monumens

A

placés dans les maiſons ci-devant dites *royales* , & édifices nationaux , qui méritent d'être conſervés pour l'inſtruction & pour la gloire des arts.

I I.

Du moment où ce triage aura été fait , les adminiſtrateurs feront enlever les plombs, cuivres & bronzes jugés inutiles , les feront tranſporter dans les ateliers nationaux, & enverront au miniſtre de l'intérieur les procès-verbaux & inventaires de leurs opérations.

I I I.

En attendant que les monumens qu'il importe de conſerver ayent pu être tranſportés dans les dépots qui leur feront préparés , les adminiſtrations ſont chargées de veiller ſpécialement à ce qu'il ne leur ſoit apporté aucun dommage par les citoyens peu inſtruits , ou par des hommes mal intentionnés.

I V.

Le préſent décret ſera affiché aux maiſons ci-devant dites *royales* , & autres lieux renfermant des monumens utiles aux beaux arts.

Du même jour 16 feptembre 1792, l'an 4e. de la Liberté.

L'ASSEMBLÉE NATIONALE confidérant qu'il importe de conferver aux beaux arts & à l'infruction publique les chef-d'œuvres épars fur la furface de l'empire, décrète qu'il y a urgence.

L'Affemblée Nationale, après avoir décrété l'urgence, décrète ce qui fuit :

ARTICLE PREMIER.

La commiffion nommée en vertu du décret du 11 août, l'an quatrième de la liberté, pour la recherche des tableaux, ftatues & objets précieux dépendant du mobilier de la couronne, eft & demeure réunie à la commiffion des monumens, nommée en vertu des décrets de l'Affemblée Nationale.

I I.

Les dépofitaires & gardes des tableaux, deffins, ftatues, qui ont été nommés par la commiffion du 11 août, en vertu du décret dudit jour, feront logés au Louvre, & foumis au régime qui fera déterminé par le miniftre de l'intérieur, d'après l'avis de la commiffion.

I I I.

Le miniftre de l'intérieur eft autorifé à prendre toutes les mefures, & faire les dépenfes néceffaires fur le fonds deftiné annuellement aux arts & aux-fciences, pour feconder les travaux de ladite commiffion, en ce qui concerne la recherche & la confervation des tableaux, ftatues & autres monumens relatifs aux beaux arts, renfermés dans les églifes & maifons nationales, & dans celles des émigrés; lefquels objets feront recueillis, pour la répartition en être faite entre le muféum de Paris, & ceux qui pourroient être établis dans les autres départemens.

I V.

L'inventaire raifonné defdits objets fera imprimé; & il en fera fait tous les ans un récollement par des prépofés du pouvoir exécutif fous la furveillance des commiffaires de l'Affemblée Nationale.

Au nom de la République , le Confeil exécutif provi-foire mande & ordonne à tous les corps adminiftratifs & Tribunaux , que les préfentes ils faffent configner dans leurs regiftres , lire , publier & afficher dans leurs départemens & refforts refpeétifs & exécuter comme loi. En foi de quoi nous avons figné ces préfentes , aux-quelles nous avons fait appofer le fceau de l'État. A Paris , le quinzième jour du mois de novembre mil fept cent quatre-vingt-douze , l'an 1er. de la République Françaife.

Signé Roland. *Contrefigné* Garat. Et fcellées du fceau de la république.

VU la Loi ci-deffus , ouï & requérant le Procureur-général-fyndic.

Les Adminiftrateurs compofant le Direétoire du Dépar-tement du Doubs , arrêtent que ladite Loi fera lue , publiée & affichée par-tout où befoin fera, pour être exécutée fuivant fa forme & teneur ; mandent au Procureur·

général-fyndic, aux Procureurs-fyndics des Diftriĉts & aux Procureurs des Communes du Reffort , de tenir la main à l'exécution, & d'en certifier. FAIT à Befançon , à la Séance du 26 Novembre 1792, l'an 1er. de la République Françaife.

Signé, HÉRARD , Vice - Préfident ; *par le Directoire ,* HANNIER Secrétaire général.

Certifié conforme à l'expédition.

A Befançon, de l'Imprimerie d'Etienne Métoyer, Imprimeur du Département du Doubs.

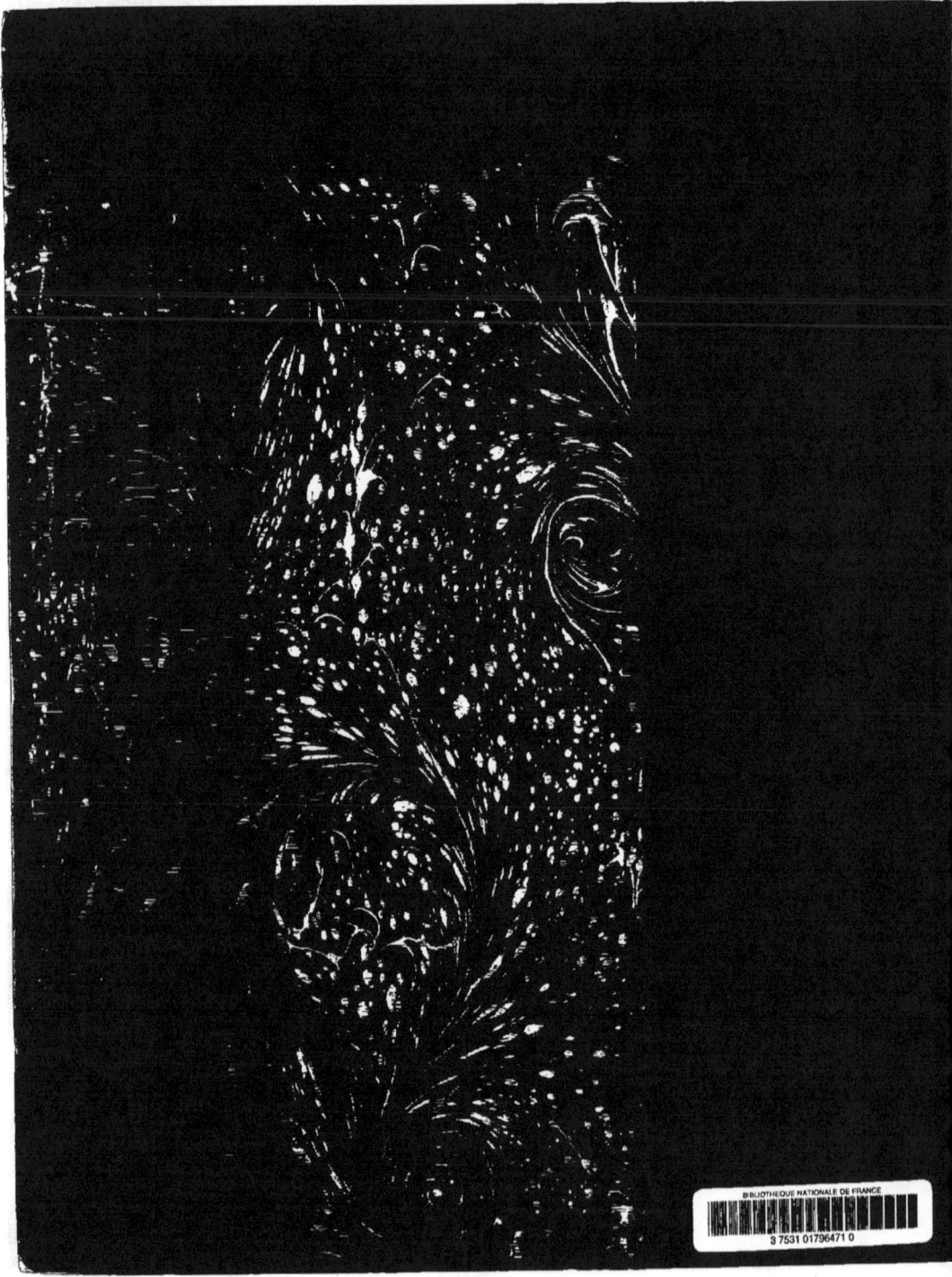

www.ingramcontent.com/pod-product-compliance
Lightning Source LLC
Chambersburg PA
CBHW060529200326
41520CB00017B/5182